FÊTE

DE

LA JEUNESSE.

EXTRAIT

Du Régistre des Délibérations de l'Administration municipale du XI_{me}. Arrondissement du Canton de Paris, du 10 germinal, an VI de la République française, une et indivisible.

Sur le discours ayant pour titre : ***Fête de la Jeunesse***, prononcé par le citoyen Fabre, l'un des membres de l'administration, et dont le but le plus sensible étoit de pénétrer les instituteurs et leurs élèves rassemblés à cette fête, de cet amour pur de la patrie, d'où découlent les bonnes mœurs et toutes les vertus, un membre propose que pour perpétuer les heureuses impressions qu'ils en ont reçues, ce discours soit imprimé, et qu'il leur en soit envoyé des exemplaires. Cette proposition est adoptée à l'unanimité.

FÊTE

DE

LA JEUNESSE.

Quelque soit le but de la nature, dans le vaste plan qu'elle enveloppe, l'homme y concourt de toutes ses propriétés. Il en a de personnelles : ce sont ses organes et ses forces physiques, ses qualités morales, ses facultés intellectuelles, les talens qui naissent avec lui, ou qu'il se procure par l'instruction, l'exercice, la persévérance. Il en a de mobiliaires, comme les productions de la nature et celles de l'industrie, transmissibles ou faciles à déplacer, que chacun possède par acquisition ou succession. Il en a de foncières ; telles sont les parties du sol qu'il habite, les terres de différentes cultures, que par l'instinct caractéristique de l'espèce humaine, il a su faire sortir de marais fangeux, de friches stériles, de forêts ténébreuses.

Ministre de la nature, il s'empare de la terre, la subjugue par son intelligence et son travail, la contraint à lui fournir, par préférence, les productions qu'il desire, à les faire naître avec plus de certitude et d'abondance, à les douer des qualités qui lui sont plus agréables ou plus avantageuses. Il façonne les matériaux que la nature lui donne dans un état informe, les analyse, les combine, les polit, les incorpore, pour former de vingt

substances différentes, un seul objet de jouis-
sances.

La conservation, le bien-être, la multi-
plication de son espèce lui étoient commandé
dans l'exercice de cet éminent ministère ; et
c'étoit au sein de la société qu'il avoit à en
remplir les devoirs. Elle naquit de l'union qu'il
forma avec une compagne chérie, et s'étendit
en embrassant les enfans dont ils s'environ-
nèrent. Ces premiers rameaux s'unirent ; des
alliances multipliées donnèrent l'être à de
nouveaux rejettons. Les jeunes époux se com-
plurent auprès des auteurs de leur existence,
dont la tendresse bienfaisante protégeoit leur
foiblesse, instruisoit leur inexpérience, et
multiplioit leurs propriétés. Les lieux qui les
avoient vu naître, s'embellissoient par les
soins de la famille et les travaux de leur adolescence : ils y étoient retenus comme à leur
propre ouvrage, et par les liens de tous les
intérêts, par la piété filiale, par l'amitié fra-
ternelle.

Dans ces sociétés originairement compo-
sées d'une seule famille, les principes consti-
tutifs des associations humaines s'observoient
sans conventions, ni formelles, ni tacites. A la
seule voix du sentiment, le devoir manifeste,
univ.rsel, imprescriptible de pourvoir le
mieux possible à sa sûreté, à son bien-être,
pour éviter les souffrances et les périls dont la
nature menace sans cesse l'individu, s'y rem-
plissoit par l'exécution entière des deux condi-
tions essentiellement nécessaires à son accom-
plissement. L'une exige que nui mortel n'opere
sa conservation personnelle et son avantage

particulier, en faisant à autrui ce qu'il ne voudroit pas qu'il lui fût fait : et c'est *la loi de justice*. L'autre veut qu'aucun humain ne se fasse du bien à lui-même, qu'en le partageant avec ses semblables ; et c'est *l'ordre de bienfaisance*.

Avec cette seule base de toute morale et de toute politique, sans diète préparée, sans discussion, sans pacte, des époux, des enfans, des fils, des petits-fils, des arrière-petits-fils, justes, bienfaisans, industrieux autant que disposés à s'entre-secourir, composèrent une société puissante et prospère. Son excessive population portoit sans cesse à de nouvelles distances du centre de la famille, quelques tiges qui devenoient à leur tour l'origine de pépinières nouvelles, dont l'accroissement étoit suivi de transplantations plus excentriques encore.

Dans ces établissemens postérieurs et successifs, comme dans la société-mère, les chefs de famille partageoient les instructions et les travaux, la protection et les devoirs, à la génération sur laquelle s'étendoit leur sollicitude ; ils dotoient chacun, suivant ce qui lui étoit attribué dans cette inégalité sensible, inévitable, universelle de force, d'adresse, de santé, d'intelligence, d'énergie morale, établie par la nature entre les séxes, les âges et les individus.

Toutes les semences des institutions sociales se jettoient en même-temps dans ces sociétés originelles. Le travail de l'homme qui se donnoit lui-même, le premier, avec toute son intelligence, son temps, ses facultés au sol

sauvage et brut qu'il falloit conquérir, l'inves-
tissoit de la propriété de cette portion que ses
soins rendoient productive. Sur ce seul titre,
se fonda l'hérédité des biens, par essence
transmissibles à leurs propriétaires présomp-
tifs, à ceux pour le bien-être desquels le premier possesseur les avoit principalement ac-
quis, qui le représentent dans la vie, ou qui,
liés à sa personne par le dégré le plus proche
de parenté, sont appelés par la nature même
à remplir, après lui, l'universalité de ses
charges.

Le droit vague, général, indéfini de tous
les hommes à toutes les productions de la
nature, à toutes les portions de la terre,
eût été absolument nul, si aux dépens de ses
facultés personnelles, de ses moyens mobi-
liers précédemment rassemblés, chacun d'eux
n'eût pu s'approprier celles qui n'étoient encore acquises à nul autre par aucune espèce
de travaux. La propriété donc se trouvoit con-
sacrée, et la transmission en étoit instituée
par l'exercice même de ce droit constitutif
de la communauté naturelle qui permet à
tout homme de se servir des biens que la
terre lui présente, tant que personne ne s'en
est encore emparé.

En s'établissant sous les auspices de ce
droit, les sociétés primitives en exercèrent
un plus particulier qui en dérivoit immédia-
tement ; celui par lequel une chose appartient
également à plusieurs, à l'exclusion de tous
les autres, et qui constitue la communauté
politique. Par celle-ci, l'essaim resté à l'an-
tique domicile du patriarche, demeura in-

corporé avec ceux qu'une extrême fécondité avoit portés autour de ce centre commun. La réunion de leurs individus, trop nombreuse pour être fidèlement représentée par le seul nom de famille, prit celui de *peuple*, dans lequel est renfermée l'idée d'une population issue des mêmes premiers parens.

Un autre nom exprima l'ensemble des intérêts de chacun et de tous : tel fut celui de *patrie*. Ce mot, dans son étimologie, indique un père, un premier hyménée dont une nation est descendue. Entre cette source primitive de l'existence d'un peuple et lui-même, une multitude de générations de plus en plus nombreuses ont succédé les unes aux autres. Leurs branches se sont croisées, entrelacéés. Si, en s'élevant vers elles, on apperçoit encore près de soi un petit nombre de nœuds formés par ces ramifications, on cesse bientôt de pouvoir suivre ceux antérieurs : et parvenu à ce point où des temps trop reculés confondent toutes les généalogies, l'homme le plus attaché à la sienne cesse de particulariser ses ayeux, il dit : *nos ancêtres*.

Si de même, on porte ses regards vers les générations qui doivent suivre, on n'ose se promettre que la chaîne directe dont on forme soi-même un anneau, se prolonge long-temps dans les âges futurs ; mais on sent au dedans de soi que les individus de la nation dans le sein de laquelle on a pris naissance, ont une origine commune, un même père dont ils sont les seuls enfans existans, qu'ils doivent par cela même se regarder comme frères, et laisser conséquemment tous à chacun le plus étroit degré de consanguinité avec leurs propres fils. Alors il n'en reste aucun d'isolé dans la société ; ils se lient à sa descendance par un même titre de parenté ; et lorsqu'ils veulent la désigner, ils disent : *nos neveux.*

Le présent lui-même ramène un peuple entier au cercle d'une famille. Dans celle originelle, les fonctions, les droits, les devoirs se partageoient naturellement ; et c'est principalement de leur distinction, de leur mutuelle influence, de leur correspondance réciproque, de leurs relations intimes et perpétuelles, que s'est formée l'organisation des grandes familles, que l'on appèle des empires et des états. L'autorité bienfaisante du père et de la mère sur leurs enfans, des frères aînés sur ceux arrivés après eux dans la vie, s'éxerce de même dans le corps politique par les agens de la souveraineté dont les devoirs et les droits sont précisément semblables, et se réduisent à l'instruction qui nous éclaire, à la protection qui garantit nos propriétés, à l'administration qui nous facilite les moyens d'en acquérir et d'en faire usage.

Dès la première aurore de notre intelligence, l'instruction s'empare de nous ; elle forme notre cœur, notre esprit, nos organes, pose la base de notre vie, le fondement du sort qui nous attend, et presque toujours celui de notre postérité. Par la généralité, la continuité, la perfection de l'art d'instruire, le premier de tous, le vrai principe de tous les autres, l'homme et l'homme seul sur la terre s'approprie de bonne heure les expériences, les réfléxions, les succès des générations, des siècles et des peuples : et c'est avec ce premier fonds de connoissances que se développe de plus en plus cette perfectibilité qui rend l'espèce humaine la maîtresse du globe terrestre. Par l'instruction encore, nous devenons capables d'accomplir de mieux en mieux le devoir naturel de veiller à notre conservation, à notre bien-être, non-seulement avec le respect le plus inviolable pour la loi de justice qui nous défend d'attenter aux propriétés d'autrui; mais en contribuant à l'ordre général de bienfaisance, par l'utilité de nos travaux particuliers, et par la pratique éclairée de ce précepte touchant qui rappelle aux humains qu'ils ne sont réunis en société que pour s'entr'aider.

La protection, second devoir, second droit de l'autorité suprême, veille aussi sur nous dès notre premier instant : elle nous dote de propriétés diverses, avant que nous ne puissions la concevoir; et nous n'apprennons à nous connoître que pour nous convaincre que nous ne sommes que par elle, puisque notre éxistence, nos facultés, nos talens et nos biens sont son ouvrage.

Jusques dans l'administration, cet autre droit, cet autre devoir de l'autorité tutélaire; on voit la trace originaire de la bienfaisance paternelle et de la recoanoissance qu'elle inspire. Elle a en effet une telle influence sur notre félicité, que l'équité nous oblige à décerner aux mortels vénérables qui, de grade en grade, et proportionnellement à l'étendue réelle de leur surveillance, l'exercent avec sagesse, un juste tribut d'amour et de respect, pour les biens que la nature accorde aux travaux de la société qu'ils gouvernent : et cet hommage est d'autant mieux fondé qu'ils remplissent avec plus de zèle et de talens ces intéressantes fonctions.

Quel que soit donc, dans la succession des temps, le point où l'homme arrête sa vue, il y confond la patrie avec une société de famille. Il aime à se voir le fruit d'une association qui précéda sa naissance, conserva ses jours, développa ses facultés, lui procura ses premières propriétés, et se sent toujours rappelé vers elle par les plus doux sentimens de la nature. Mais s'il médite sur la patrie, une pensée plus vaste et plus profonde retentit au fond de son cœur. Il s'y voit attaché par toutes les sensations du présent, entre des générations accumulées d'ancêtres et des générations accumulées de postérité. Jetté au milieu de la masse d'humains qu'elles ont rassemblés et rassembleront encore, il sent que cette formidable multitude d'êtres ont, dans l'univers, un poids assez considérable et une connexion trop intime, pour ne pas se préparer de nouvelles destinées au-delà de la carrière qu'ils achèvent de parcourir. Déjà il s'élance dans les périodes futures : les sacrifices qu'il est prêt à consommer pour la patrie croissent en raison de l'étendue qu'il embrasse...... Arrêtons-nous ici ! la philosophie n'a pas encore, pour tous, dissipé les ombres du passé où se sont élaborés les événemens qui composeront l'avenir...... Il nous suffira de suivre l'amour de la patrie dans les ames généreuses où il n'est encore qu'un sentiment d'instinct.

Dans l'Amérique septentrionale , et sous la même zône où les trônes ont commencé à s'écrouler, en Europe , naissent les plus indépendans des humains. Ils forment des nations où l'homme d'état n'a rien qui le distingue , que l'attention avec laquelle son avis est écouté ; où il n'existe d'autres magistrats que des vieillards sans puissance coërcitive, et qui se servent du seul ascendant de leur expérience pour diriger et déterminer les résolutions de leur tribu. Mais la république est-elle menacée ? Un terrible cri de guerre est répété dans les peuplades; tous les jeunes gens se rassemblent et se rangent auprès des guerriers éprouvés par leur valeur et dont ils font leurs chefs : ils marchent, non en conséquence d'un engagement militaire , mais sur la foi mutuelle; et conduits par une égale ardeur , ils volent aux combats. Qui les réunit? qui les empêche d'aller chercher la paix dans d'autres déserts? quelle force leur fait avec héroïsme affronter le trépas? L'amour de la patrie !

C'est envain que cette magnanime affection se comprime chez les peuples où sert la foiblesse et domine l'orgueil. Lorsque la France étoit asservie à des rois, un régime aristocratique écrasoit l'armée, étouffoit toute émulation , rendoit inutiles les talens des militaires de cet ordre dit alors le troisième , où s'étoit conservé l'égalité primitive, et qui composoit la presque totalité de la nation :

le chemin des honneurs leur étoit fermé; le grade le plus élevé auquel ils pussent aspirer portoit la dénomination, on pourroit dire, injurieuse, de *bas-officier*; et ils n'y parvenoient encore que pour mieux sentir la despotique arrogance et la nullité de leurs officiers supérieurs; leur paye étoit moindre que celle du plus inférieur manœuvre, et leur fatigue beaucoup plus grande. Cependant, tous les corps d'armes étoient complets, et jamais les jeunes volontaires ne s'enrôloient, ni en plus grand nombre, ni avec plus de joie, qu'au commencement d'une guerre. D'où dérivoient donc ce mépris des dangers, cet empressement à aller verser leur sang et exposer leur vie ? D'un sentiment qu'une nature agissante développoit à leur insçu, car jamais le nom de patrie n'avoit encore frappé leurs oreilles. Elle seule pourtant les avoit rassemblés sous des drapeaux; ils le reconnurent, dès le premier symptôme de la révolution; ils prononcèrent avec énergie qu'ils n'étoient point les satellites d'un despote, et firent le serment de défendre la patrie, de la faire triompher ou de mourir pour elle. Ils l'ont tenu.

Ainsi, cette vertu par laquelle on renonce à soi-même, en préférant l'intérêt public au sien propre, naît d'un sentiment naturel à l'homme social. On se plaît à trouver les plus fortes preuves de son existence dans cette jeunesse si aimable par ses grâces, plus intéressante par sa candeur, toute brillante de courage et d'enthousiasme. Quels fruits ne produira donc pas cet attachement inné à la patrie, lorsqu'il sera éclairé pour ces jeunes adultes à peine à l'aurore de leur adolescence ; lorsqu'il sera préparé dans ces enfans d'un âge plus tendre encore, peuple véritablement nouveau, l'intérêt le plus doux de la cité, comme son espérance la plus durable.

Telle est la tâche de ceux à qui sont remises les honorables fonctions d'instruire ; ces fonctions primitives et fondamentales, puisqu'elles précèdent les autres, les produisent et les dirigent, ces fonctions dont on ne peut trop faire sentir la salutaire influence pour expliquer de mieux en mieux l'harmonie sociale et la vraie dignité de ceux qui les exercent.

Sages instituteurs, vous êtes, pour vos disciples, les créateurs de la multitude de propriétés personnelles que vous leur faites acquérir dans un temps où ils ne se connoissent pas encore : vous êtes leurs bienfaiteurs, en leur transmettant vos lumières, en perfectionnant les principes de leur être. Apprenez-leur à aimer la patrie, et ils doubleront d'affection pour vous. Rappelez-leur souvent avec quelle tendresse en parloient les Grecs et les Romains. La patrie, disoient-ils, est une nourrice qui donne son lait avec autant de plaisir qu'on le reçoit. C'est une mère qui chérit tous ses enfans, qui ne les distingue qu'autant qu'ils se distinguent eux-mêmes, qui veut bien qu'il y ait de l'opulence et de la médiocrité, mais point de pauvres ; des magistrats et des subordonnés, mais point d'opprimés ; qui même dans ce partage inégal, conserve une sorte

d'égalité, en ouvrant à tous le chemin des premières places ; qui ne souffre aucuns maux dans
sa famille, que ceux qu'elle ne peut empêcher,
la maladie et la mort ; qui croit n'avoir rien
fait en donnant le jour à ses enfans, si elle n'y
ajoute le bien-être. C'est une puissance aussi
ancienne que la société, fondée sur la nature
et l'ordre ; une puissance supérieure à toutes
les puissances ; une puissance qui soumet à ses
loix ceux qui commandent, comme ceux qui
obéissent. C'est une divinité qui n'accepte des
offrandes que pour les répandre, qui demande
plus d'attachement que de crainte, qui sourit
en faisant du bien, et qui soupire en lançant
la foudre.

Ne craignez pas, dignes professeurs, **de**
creuser jusqu'à ses premières racines, l'attachement à la patrie ; il est la seule de toutes
les affections humaines qui ne perde rien à
l'analyse. Plus on le décompose, plus il nous
lie à nos semblables, plus il rapproche nos intérêts des leurs. Il est la seule et véritable
source du bonheur : par son expansion universelle, nous communiquons à tous les tems,
à tous les lieux, à tous les humains ; par lui un
peuple n'a plus qu'une ame.

Quelle grandeur, quelle félicité ne pro-
met-il pas à la nation française ! Eclairée par
lui, elle passera de l'âge d'émancipation où
elle entre à celui de maturité où elle réunira
les vertus aux lumières. Ceux qui firent la révolution, ont voulu tout souffrir pour préparer ces heureuses destinées : leur première
joie est de conduire la génération naissante
dans les sentiers par lesquels elles peuvent

être remplies. L'amour de la patrie l'y gui-
dera. Par lui, les adolescens qui s'empare-
ront de leurs faisceaux d'armes deviendront
des héros et opéreront de nouvèaux prodiges.
Par lui, ceux qui s'inscriront sur le livre ci-
vique, se rendront dignes du suffrage public
dans les honorables travaux de la protection
civile et militaire de l'administration politique.
Par lui, ceux qui dans leurs cours d'études
auront mérité des prix, au lieu d'éprouver la
vaine gloire de l'égoïsme, s'applaudiront d'an-
noncer des talens utiles à tous : et leurs con-
currens leur témoigneront par de sincères et
généréux embrassemens, qu'ils se réjouissent
de leur voir donner des espérances à la patrie.
C'est ainsi que les Français régénérés, unis de
cœur, de principes et d'actions, retourneront
vers la nature, par les voies de la perfection,
et termineront le cercle social par où il a
été commencé, par ne former qu'une seule
famille.

De l'Imprimerie de Gueffier jeune, rue Gît-le-Cœur,
N°. 16, an VI de la République.

www.ingramcontent.com/pod-product-compliance
Lightning Source LLC
Chambersburg PA
CBHW061859080726
47597CB00010BA/4303